AF457188

UN

AGATHOPÈDE

DE L'EMPIRE.

« J'aime qui m'aime. »

ALEX. DUMAS.

Bruxelles. — Imprimerie de A. LABROUE et Cie,
56, *rue de la Fourche*.

UN

AGATHOPÈDE

DE L'EMPIRE,

OU

ESSAI SUR LA VIE ET LES TRAVAUX GASTRONOMICO-LITTÉRAIRES
DE FEU GRIMOD DE LA REYNIÈRE,

PAR

Edouard-Marie Oettinger.

TIRÉ A 500 EXEMPLAIRES.

BRUXELLES ET LEIPZIG,
KIESSLING, SCHNÉE ET Cie, ÉDITEURS,
RUE VILLA-HERMOSA, 1.

1854

UN AGATHOPÈDE

DE L'EMPIRE.

I

La Biographie est souvent bien ingrate. En s'occupant avec une prédilection tout à fait impardonnable de ministres fainéants, d'hommes d'État hâbleurs, de beaux esprits ordinairement assez laids, et de toutes sortes d'autres individus peu remarquables, elle se plaît à dédaigner et à désavouer les capacités menant joyeuse vie, les intelligences philanthropiques, les gloires modestes qui inspirent un intérêt plus vif que ce tas d'hommes soi-disant célèbres et dont le mérite est mille fois plus mince que leur monstrueuse renommée.

Qu'il nous soit permis de tirer de ce honteux oubli un homme à qui s'attache un bouquet de souvenirs aussi friands que piquants. Ce n'est qu'avec un profond recueillement que notre plume vierge, palpitante et timide, ose évoquer le nom de cet esprit méconnu par ses contemporains, désavoué par tous ceux qui n'ont pas l'honneur d'appartenir à cette secte religieuse et sublime qui se cache sous le voile profane de la gastronomie. Qu'il nous soit permis d'élever un mausolée à une de ces célébrités, éteinte depuis trois lustres sans avoir trouvé jusqu'à ce jour son Plutarque.

C'est avec la plus pieuse dévotion que nous dévoilons ici, encadré d'étoiles, le nom chéri de

*

* *

* *

* Grimod de la Reynière. *

* *

* *

*

Alexandre-Balthazar-Laurent Grimod de la Reynière, né le 20 novembre 1758 à Paris, était le fils unique d'un charcutier qui s'éleva au rang de fermier général et administrateur des messageries royales, et, du côté de sa mère (mademoiselle de Jarente), le neveu de ce pieux Malesherbes qui aimait les roses, l'infortunée reine des Français Marie-Antoinette et son époux martyr Louis XVI. Son père, nouveau Lucullus, se faisait remarquer par l'opulence de ses dîners et par la crudité de ses à-propos trop souvent produits mal à propos. Aussi un de ses convives disait-il de lui : *Ce bon Grimod! on le mange, mais on ne le digère pas!*

Le fils de ce père indigeste avait beaucoup d'appétit, mais très-peu d'inclination pour la jurisprudence et la magistrature. Dégoûté du barreau qui l'ennuyait profondément, il se livra de bonne heure à l'occupation de ne rien faire, à cet art si difficile du *dolce far niente*, et à toute l'indépendance de ses instincts naturels, préférant un bon plat à tous les rêves de gloire et d'immortalité. L'étude des lois le contrariait plus que toute autre. Il se disait que rien au monde n'est plus *indigeste* que les *Digestes*, que rien en France n'est plus *incivil* que ce Code soi-disant *civil!*

Un beau jour, M. Grimod de la Reynière brûla ses livres de jurisprudence pour embrasser en toute hâte les belles-lettres et se jeter à corps perdu dans les plaisirs du théâtre.

Un de ses amis, le fameux abbé Geoffroy, lui demandant pourquoi il avait changé l'état de juge contre celui de simple avocat sans clients :

— Comme juge, répliqua-t-il, je pourrais être contraint de condamner l'auteur de mes jours à la potence, tandis que comme simple avocat j'aurais toujours le droit de le défendre... même malgré ma conscience !

Ah ! quel père ! ah ! quel fils !

Avant d'entretenir nos lecteurs de quelques-uns des travaux gastronomico-littéraires de notre vénérable ami M. Grimod fils, nous essayerons de tracer une ébauche de sa personne.

Le physique de notre héros avait quelque chose de bizarre, frappant la curiosité de quiconque le voyait pour la première fois.

Par un singulier caprice, mère nature l'avait doté d'une difformité dans les mains.

— C'est mon père, disait-il, qui m'a volé mes doigts, pour m'empêcher d'enlever sa bourse qui pour moi, son prince héréditaire, est toujours fermée.

Ce défaut l'obligeait de se servir de doigts

postiches, d'une espèce de griffes qui lui donnaient l'apparence d'un vautour, tandis que son nez, grand et courbe, lui prêtait la mine d'un aigle, noir comme son âme, selon l'opinion peu flatteuse de son père.

Au moyen de ces doigts postiches il écrivait, dessinait et découpait avec une adresse vraiment surprenante, avec une dextérité merveilleuse.

Cet homme-vautour, s'étant lié avec Levacher de Charnois, rédigeait avec lui le *Journal des Théâtres*.

Un an après, il faisait la partie dramatique du *Journal de Neufchâtel*.

Plus tard il fondait lui-même *le Censeur dramatique*, qui parut pendant deux années.

N'y trouvant pas son compte, il renonça à l'état de journaliste et commença à cultiver la gastronomie, la seule vertu de son respectable père, et qui rendit à celui-ci le service extrêmement appréciable pour la funeste époque où il vivait, de mourir dans les griffes de son fils et unique héritier de sa fortune.

Deux ans après la mort de son père, Grimod débuta, sous le pseudonyme d'*un vieil amateur*, comme auteur de l'*Almanach des Gourmands*.

La première année de cette collection aujourd'hui assez rare et recherchée parut en 1803, et rencontra tant de sympathie, que neuf mille exemplaires furent rapidement enlevés, et que le *vieil amateur* se vit forcé de préparer trois nouvelles éditions.

L'épître dédicatoire de la quatrième édition était adressée à M. d'Aigrefeuille, ci-devant procureur général de la Cour des aides de Montpellier et l'un des gastrophiles les plus éclairés de cette époque.

Nous transcrivons ici un passage de la savante préface, pour faire connaître à nos lecteurs l'éminente manière de penser du célèbre auteur :

« S'il faut en croire plus d'un voyageur, les plaisirs qu'on doit à la cuisine ont toujours tenu un rang distingué parmi tous les hommes rassemblés en société. En dépit des stoïciens, l'on conviendra que ce sont les premiers qu'on éprouve, les derniers que l'on quitte, et ceux que l'on peut goûter le plus souvent. Pour beaucoup de gens un estomac à toute épreuve est le premier principe de tout bonheur, et il nous serait facile de prouver que, chez la plupart des hommes, ce viscère influe plus que l'on ne croit sur toutes les actions de la vie. Combien de fois la destinée de tout un peuple n'a-t-elle pas dépendu de la digestion plus ou moins laborieuse d'un premier ministre ! »

Parmi les illustres gastronomes qui se trouvent mentionnés dans la première année de cet almanach, on remarque le marquis de Béchamel, maître d'hôtel de Louis XIV, inventeur de cette fameuse sauce qui a immortalisé son nom ; l'infortuné Collin d'Harleville, dont la muse aimable a chanté les pâtés de guignards dans une charmante épître ; le célèbre médecin Gastaldy, le même qui avait donné au macaroni l'épithète de *doge de la table.*

Le favorable accueil de son Code gastronomique lui procura bon nombre d'amis et d'admirateurs. Le *Caveau moderne,* — cette société chantante dont l'origine remonte à l'an 1737, et née de l'ancien caveau fondé par Piron, Collé, Panard, Gallard, Saurin, Favart et autres coryphées de la gaieté rabelaisienne, — le nomma un de ses membres honoraires. Le *jury dégustateur,* — autre société épicurienne, — le proclama unanimement président, et M. Balaine, un des plus fameux restaurateurs et patron du *Rocher de Cancale* (rue

Montorgueil), gardait sous un cadre précieux le portrait du nouvel Athénée.

Comme membre du *Caveau moderne*, il avait des relations intimes avec tous les notables de cette joyeuse assemblée, qui se composait de Philipon de la Madelaine, Armand Gouffé, René Alissan de Chazet, Prévost d'Iray, Maurice Séguier, Dieulafoy, Philippe de Ségur, Desaugiers et Jouy. Tous ces beaux esprits, appréciant mieux que le monde profane les mérites de M. Grimod de la Reynière, étaient d'accord à proclamer que l'auteur de l'*Almanach des Gourmands* est un aimable roué, un fameux gaillard, un profond scélérat.

N'oublions pas de dire que l'ami le plus dévoué de notre lumineux modèle était l'abbé Geoffroy, le fameux feuilletoniste du *Journal de l'Empire*, le fléau critique des coulisses parisiennes, l'implacable ennemi du célèbre tragédien Talma.

Un jour, les deux amis se rencontrèrent par hasard chez Balaine au *Rocher de Cancale*.

— Mon cher Grimod, commença l'abbé, est-il permis de vous demander à quelle époque paraîtra la deuxième année de votre estimable *Almanach des Gourmands?*

— Dans six semaines, mon révérend abbé.

— Et voudriez-vous me dire à laquelle de vos connaissances vous l'avez dédié?

— C'est ce que je ne sais pas moi-même. Je balance encore entre deux dames...

— Et le nom de ces heureuses?

— Mademoiselle Bourgoin ou mademoiselle Mézeray...

— Ah, ah! ricanait papa Geoffroy. L'une, ainsi dit le bruit des coulisses, est la favorite de notre grand empereur, l'autre la maîtresse de notre petit ministre de la police, monseigneur Fouché.

— On le dit, abbé; mais moi, je n'en crois rien. Notre ville de Paris, assez bonne, mais très-bavarde, se raconte mille et une fadaises sur notre Haroun-al-Raschid. Tout le monde veut savoir qu'il est follement amoureux de mademoiselle Mars et de mademoiselle Georges.

— Et laquelle de ces dioscures trouvez-vous la plus intéressante?

— Pour moi, mademoiselle Georges est diablement dangereuse...

— Et que pensez-vous de mademoiselle Mars?

— La bonne Hippolyte... c'est une oie vertueuse, répliqua-t-il en vidant d'un trait son verre de chambertin.

— Votre jugement, profond scélérat, me semble un peu trop rigoureux. Quant à moi, la belle Hippolyte est *le plus pur diamant* de la Comédie française.

— Ça se comprend, car tous les portiers de votre quartier latin se redisent le conte bleu, que le très-révérend père Geoffroy soupire plus chaudement pour le soi-disant diamant que le ci-devant pâtre Céladon, vert comme le printemps, ne le faisait pour son Astrée bleu céleste.

. . . .

Deux mois après ce dialogue parut le deuxième volume dudit almanach, dédié à M. Camerani, semainier perpétuel de l'Opéra-Comique, inventeur du délicieux potage qui porte son nom rayonnant de gloire.

C'est dans l'épître dédicatoire que se trouve la définition suivante du mot *gourmand* : « Le gourmand n'est pas seulement celui qui mange avec profondeur, choix, réflexion et sensualité, celui qui ne laisse rien sur son assiette, ni dans son verre ; celui qui n'a jamais affligé son amphitryon par un refus, ni son voisin par des accès de sobriété : il doit joindre au plus strident appétit cette humeur joviale sans laquelle le meilleur des festins n'est qu'une triste hécatombe; toujours prompt à la repartie, il doit avoir dans une continuelle activité tous les sens dont l'a doué la nature ; enfin, sa mémoire doit être ornée d'une foule d'anecdotes, d'histoires et de contes amusants qu'il place dans l'intervalle des services et dans les interstices des mets, afin que les gens sobres lui pardonnent son appétit agressif. »

Voilà bien le portrait peint par lui-même! N'est pas gourmand qui veut, dit Brillat-Savarin. Et c'est sans doute une des plus grandes vérités émanant de la plume de l'auteur de la *Physiologie du goût*.

Grimod, ce vénérable Grimod de la Reynière, était sous tous ces rapports le véritable gourmand pur-sang, une bibliothèque ambulante d'anecdotes drolatiques, une encyclopédie vivante de tout ce qui concerne la bonne chère, la sublime science de la gastronomie transcendantale.

Le libraire Maradan, éditeur de cet Alcoran des gourmets, dit dans l'avertissement de la deuxième édition de la seconde année :

« On ne peut se dissimuler que ce succès, tant

à Paris qu'à l'armée d'Hanovre, a été une véritable rage, et nous pouvons dire avec vérité que notre opuscule est devenu en 1803 *la Fanchon des almanachs.* »

La troisième édition est dédiée à Carlin Bertinazzi, dernier arlequin de la comédie italienne à Paris (né à Turin en 1710, mort à Paris le 7 septembre 1783).

« L'arlequin, dit l'épître dédicatoire, l'arlequin qui pendant quarante années fit rire tout Paris, et donna par conséquent à tant de gourmands les moyens de bien digérer, s'est acquis de véritables droits à leur gratitude. »

C'est dans cette troisième année que Grimod a développé tout son savoir culinaire, toute l'histoire de la gourmandise. Il nous raconte qu'un poëte italien, Agnolo Firenzuola, avait fait une touchante épopée à la gloire de la saucisse, et qu'elle fut imprimée en 1545 et enrichie d'un fort savant commentaire, composé par Grappa, l'un des membres de l'Académie de Florence. Un autre poëte italien avait écrit deux magnifiques éloges, l'un de la salade et l'autre des figues, commentés par Annibal Caro sous le pseudonyme de *ser Agresto.*

Le quatrième volume, offert comme témoignage d'estime à la *Société des Mercredis*, nous fait connaître l'honorable but de l'illustre académie des gourmands :

« Dix-sept personnes, dit la dédicace, qui, depuis vingt-quatre années, exercent chaque semaine en commun leurs facultés dégustatrices, auxquelles, dans ce long espace de temps, il n'est rien échappé de tout ce qui peut honorer davantage le palais et stimuler plus dignement la sensualité, dont les appétits dans tous les genres ne se sont jamais arrêtés ni même ralentis, dont l'admirable tact est devenu le code de procédure des plus éclairés cuisiniers, et dont les opinions font tellement loi dans tout ce qui tient à la table, que le recueil des décisions de la *Société des Mercredis* forme aujourd'hui la plus compétente jurisprudence gourmande de l'Europe. »

Il va sans dire que l'un des dix-sept membres de ce vénérable aréopage du goût était M. Grimod de la Reynière, le Justinien des Pandectes culinaires.

Chacun de ces joyeux convives de la Société des Mercredis était revêtu d'un sobriquet ou, pour mieux dire, d'un titre honorifique, emprunté à la nomenclature des délicatesses de la table.

L'illustre président de ce corps gastronomique, le fameux amphitryon M. d'Aigrefeuille, semblait plus fier de son épithète de *maître Lindon* que de son nom nobiliaire.

L'aimable secrétaire perpétuel, M. René Alissan de Chazet, auteur d'une assez jolie comédie jouée pendant l'été de 1804 sur le théâtre du Palais-Royal, sous le titre de *l'École des gastronomes*, fut nommé *maître Turbot*.

Le trésorier, M. l'abbé Geoffroy, figurait dans les archives et dans les bulletins de la société dégustatrice sous le nom de *maître Homard*.

Enfin *maître Écrevisse* était le titre honorifique qui fut conféré au questeur de cette assemblée, à notre cher et excellent ami Grimod de la Reynière.

La cinquième année de l'*Almanach des Gourmands* s'adressait aux mânes du docteur Gastaldy, en son vivant docteur-régent de l'université de médecine de Montpellier, premier médecin du vice-légat du comtat Venaissin et de l'hôpital civil et militaire d'Avignon, médecin consultant de S. A. R. le duc de Cumberland, et, qui plus est, *président à mortier du jury dégustateur*.

« Qui plus que vous, dit l'auteur dans l'épitre dédicatoire, méritait (après l'illustre d'Aigrefeuille auquel on ne peut comparer personne!) mieux la dédicace de notre almanach? Qui, mieux que vous, ombre chérie, réunit au plus haut degré toutes les qualités qui constituent le gastronome le plus intrépide? Santé ferme, appétit robuste, connaissances profondes, estomac à toute épreuve, auquel vous joignez un palais tellement organisé, tellement délicat, tellement susceptible, qu'il pouvait passer pour le plus parfait des alambics! »

Et un homme d'un tel mérite ne se trouve dans aucun de nos dictionnaires historiques, dans aucune de nos archives biographiques! Quelle ingratitude! quelle bêtise! quelle infamie *!

Dans ce même cinquième volume on remarque une épître d'un excellent gourmand (M. de Saint-Juste) à son ami (M. l'abbé d'Herville), homme extrêmement sobre qui ne cessait de lui prêcher l'abstinence des plaisirs de la table.

* Une note nous apprend que, comme successeur du docteur Gastaldy, on avait élu M. Grimod de Verneuil (né en 1751), l'un des plus fins et distingués gourmets de Paris. Il entra en fonctions le mardi 16 décembre 1806.

Lisez, s'il vous plaît, un des premiers passages de ce poëme, pour vous convaincre que M. de Saint-Juste avait bien raison de se défendre.

« Ce que je suis, je prétends le paraître;
Je suis gourmand, oui, certe, et je veux l'être!
Et tes leçons ne me feront changer :
J'ai commencé; laisse-moi donc poursuivre.
Harpagon dit : Il faut manger pour vivre;
Et je dis, moi, que je vis pour manger.
Que l'on m'appelle un cochon d'Épicure,
C'est un éloge et non pas une injure! »

Le sixième volume, un des plus beaux et des plus intéressants de toute la collection, est dédié au père de l'auteur, à M. Grimod de Verneuil, ancien directeur des postes.

« Membre, depuis quarante ans, de la *Société du gigot de Caen*, qui flaire encore comme baume dans toute la basse Normandie, élevé depuis quatorze mois à la haute dignité de président perpétuel du *jury dégustateur*, dignité dans laquelle vous avez si complétement remplacé l'illustre docteur Gastaldy, dont la mémoire nous sera toujours précieuse, vous avez tout ce qu'il faut, monsieur, pour mériter l'honneur de la dédicace de la sixième année de notre almanach. Recevez-la donc avec cette indulgence aimable et avec cet incomparable appétit qui vous caractérisent, etc. »

Ce volume contient des poésies gourmandes de Joseph Despaze (*les Dîners* sans *femmes*) et de A. J. de Coupigny (*les Dîners* avec *les femmes*).

Le premier préfère un banquet fraternel sans femmes aux dîners embellis par leur présence. Apprenons pourquoi :

« Voulez-vous tuer nos saillies,
Nos bons mots, nos transports si doux,
Faites que dix femmes jolies
Prennent place au milieu de nous.
Vaincus soudain par leur tendresse
Nos cœurs languiront attristés,
Car l'amour ôte à l'allégresse
Ce qu'il ajoute aux voluptés.

« Avec art il faudra sourire,
Composer jusqu'à son maintien;
Ici, pour penser sans rien dire;
Là, dire tout sans penser rien.
Le vin, les mets, la bonne chère
Cesseront de nous réjouir :
Nous ne songerons plus qu'à plaire
Et nous oublirons de jouir ! »

L'autre, réfutant ce blasphème contre le beau sexe, chante :

« Dans un souper où cent bougies
Font étinceler les cristaux,
Le champagne part en saillies,
En ris folâtres, en bons mots.
Souvent une belle indomptable,
Dont la pudeur craignait le jour,
Achève sa défaite à table,
Et c'est où l'attendait l'amour.

« Amis, croyez-moi, sans les femmes
Il n'est bonheur, ni volupté ;
Le ciel pour le bien de nos âmes
Fit le plaisir et la beauté.
Ne nous montrons jamais rebelles
A l'empire de deux beaux yeux ;
Dînons, soupons avec les belles ;
Quand nous le pouvons, faisons mieux * ! »

Auquel de ces deux et spirituels chansonniers donnerons-nous raison ? Nous balançons encore. Mais en attendant nous aimons à dîner sans femmes et à souper avec les femmes.

Une note nous apprend que des femmes aima-

* Grimod qualifie M. de Coupigny de *restaurateur de la romance*. Il était chef de division au ministère des cultes.

bles, de jolies comédiennes faisaient souvent partie de cette assemblée gourmande, où cependant elles n'avaient que voix consultative !

Ainsi, mesdames Émilie Contat, Joséphine Mézeray, l'amie intime de Fouché, duc d'Otrante, Étiennette Bourgoin, la maîtresse de Son Excellence M. le ministre Chaptal, comte de Chanteloup, etc., ont daigné faire quelquefois l'ornement de ces séances gastronomiques.

La septième année de l'Almanach est ornée d'une dédicace aux mânes de Joseph Albouis Dazincourt, en son vivant comédien ordinaire du roi, acteur sociétaire du Théâtre-Français, directeur des spectacles de la cour (né en 1747, mort d'une déplorable indigestion le 28 mars 1809).

« L'un des fondateurs de cette illustre Société des Mercredis que vous n'avez abandonnée que lorsqu'elle s'est éloignée des bases sur lesquelles reposait son institution, membre correspondant du jury dégustateur, convive non moins profond qu'aimable, amphitryon non moins recherché dans les jouissances de la table que dans celles de la conversation, qui mieux que vous méritait d'être célèbre dans les fastes de la gourmandise ? »

Il est bien fâcheux, bien triste, bien déplorable

de voir que même un si noble labeur, une si belle œuvre que l'*Almanach des Gourmands* a dû partager le sort de tant de productions supérieures, d'être poursuivi, avili, bafoué, même éclaboussé par la malveillante critique, envieuse du brillant succès dont il fut couronné.

« Une foule d'âmes charitables, dit l'avertissement, dont les journalistes, plus bêtes qu'il n'est permis de l'être, se sont complaisamment rendus les échos, ont affecté de répandre que l'*Almanach des Gourmands* ne reparaissait plus ; que l'auteur, après avoir épuisé la matière, se trouvait dans l'impuissance de le continuer, et que, *faute d'acheteurs*, il était forcé de renoncer à poursuivre son entreprise. »

Cette sotte calomnie, répandue entre autres par le *Courrier de l'Europe*, rédigé par un nommé Dusaulchoy, fut victorieusement réfutée par la publication du septième volume.

M. Grimod de la Reynière nous raconte qu'à la trois cent cinquante-deuxième séance du jury dégustateur cette noble académie fut illustrée par la réception d'un des plus savants et des plus foncés gastronomes de France, M. Louis de Cussy, possédant tous les mystères éleusiniens de la bonne chère, inventeur de l'art d'assaisonner messieurs les poulets de trois cent soixante-six différentes manières.

Séance mémorable, dit-il. Heureux, trois fois heureux le mardi 16 janvier 1810, jour où cet illustre adepte est devenu notre confrère! C'est dans la même séance que M. *Journiac de Saint-Méard*, président de la *Société des Gobe-Mouches*, fut élu à l'unanimité des voix chancelier perpétuel de notre Académie. C'est enfin dans cette même séance que mademoiselle Minette Ménestrier, élève couronnée du Conservatoire impérial de musique (née en 1790 à Besançon, patrie des gaudes et de la moutarde en poudre), et sa charmante sœur cadette Augustine furent proclamées gourmandinettes et membres honoraires du jury dégustateur.

Mais tout, dans ce monde éphémère, est soumis à la loi de la destruction. Tout passe, tout casse, tout lasse!

C'est dans la fatale année de 1812 — si funeste pour la gloire des aigles napoléoniennes! — que l'*Almanach des Gourmands*, une des plus belles créations de l'Empire, paraît, hélas! pour la dernière fois.

Ce dernier volume est dédié à l'ombre du grand et immortel Vatel, en son vivant maître d'hôtel du grand Condé !

« Qui jamais fut plus digne du respect et de la reconnaissance des vrais gourmands que l'homme de génie qui ne voulut point survivre au déshonneur de la cuisine du grand Condé dans une fête que ce prince donnait à Louis XIV, et qui s'immola de ses propres mains, parce que la marée n'était point encore arrivée quelques heures avant le service? Une si généreuse mort vous assure, ombre pieuse et vénérable, la plus glorieuse immortalité. C'est vous qui avez prouvé que le fanatisme de l'honneur peut exister dans les cuisines comme dans les armées, et que la broche et les fourneaux ont aussi leurs Decius et leurs Catons !... Les larmes du grand Condé, les regrets de Louis XIV et la profonde admiration de tout l'univers civilisé * ont payé votre dévouement sublime; et si le marquis de Béchamel doit à une sauce l'auréole de son immortalité, c'est

* Maître Grimod a oublié de mentionner ici l'éloge classique que madame de Sévigné lui a consacré dans une de ses plus belles lettres.

votre courage seul qui vous a mérité la vôtre! »

Ah! qui oserait dire que ces lignes si nobles et si touchantes ne soient pas dignes de la gloire du grand Vatel et de l'éloquence de son Démosthène? Jamais plus belle oraison funèbre ne fut prononcée à la mémoire bienheureuse d'un martyr de la cuisine! C'est par ce discours palpitant de sympathie que l'illustre écrivain s'est élevé à la hauteur d'un Bossuet de la chaire culinaire.

Le plus beau morceau, le chant du cygne, le chef-d'œuvre de la plume gastrophile, est l'éloge des cure-dents, composé par M. Rougemont, fabricant de cure-dents, demeurant rue de Grammont, n° 25, voile pseudonyme sous lequel se cachait la muse aussi modeste que sublime de notre cher et bien-aimé modèle Grimod de la Reynière.

Pour apprécier l'esprit fin, friand et délicat de notre auteur, nous voulons donner aux lecteurs un échantillon de son style.

« Le vrai gourmand, dit-il, ne se sert pas du cure-dent comme un stupide bourgeois de la rue aux Ours. Il met dans son usage de la finesse et de l'observation. Trouve-t-il entre deux molaires le moindre débris d'une viande délicate et légère, ne croyez pas qu'il va l'avaler comme un étourdi. Non, il le roule dans sa bouche, il le savoure, il en exprime les sucs, et s'il découvre enfin que ce fragment appartient à une aile de perdrix, la plus délicate des ailes, il est au comble de la joie!... C'est pourquoi il ne m'est jamais arrivé de traverser le Palais-Royal sans acheter un paquet de cure-dents, que je paye toujours *cinquante centimes*, par un sentiment d'humanité et pour rehausser, autant qu'il dépend de moi, la valeur de cette marchandise inestimable. Aussi en ai-je chez moi une ample provision; on en trouve dans mon secrétaire, dans ma commode, dans toutes mes armoires et dans toutes mes poches. Les cure-dents seront, après ma mort, la plus riche portion de mon héritage!... »

Comme cela se comprend! Un gourmand sans l'ange gardien du cure-dent est un marin sans boussole, un buveur sans tire-bouchon, un officier sans épée. Pour l'homme gastronome, cet amulette a la valeur du télescope pour l'astronome, du compas pour le mathématicien, du niveau pour l'architecte, et c'est pourquoi j'excuse volontiers le spleen de cet Anglais qui, un beau jour, invité au dîner-monstre d'un lord gastronome, chemin faisant se pendit à un réverbère parce qu'il avait oublié... son cure-dent.

Vient, après l'éloge des cure-dents, le panégyrique du pâté, chanté par M. Grangier. Prêtez l'oreille au dernier couplet de sa jolie chansonnette.

« La rose des fleurs est la reine,
Mais il est le roi du festin ;
Un pâté dure une semaine,
La rose ne vit qu'un matin.
Nous aimons Charlotte,
Chacun en radote,
Et pourquoi ? C'est, en vérité,
C'est un pâté, c'est un pâté ! »

L'on voit bien que c'était l'âge d'or de la bonne chère, le temps heureux où les poëtes ne chantaient que l'amour et les plaisirs de la table.

Mais la chute de l'empire napoléonien entraîna la décadence de ces joies innocentes, la fin de l'empire gastronomique.

Notre honorable ami, voyant successivement pâlir autour de lui les astres lumineux de la gourmandise, et s'évanouir peu à peu toutes les gloires de l'école dont il était le plus zélé disciple, se décida à se reposer sur les lauriers de son *Manuel d'amphitryon*, celui de ses ouvrages qu'on doit regarder incontestablement comme le plus beau legs de son esprit épicurien.

Un épisode de sa vie intime suffira pour caractériser et lui et ses contemporains.

C'était au 26 février 1814.

M. Grimod de la Reynière, dans sa dignité de président perpétuel du jury dégustateur (à cette époque peu nombreux), avait ouvert la cinq cent soixante et dix-neuvième séance de l'Académie, lorsqu'un domestique sans livrée et hors d'haleine, affichant tous les symptômes de la plus vive consternation, lui remit un billet de mauvais augure. Le vénérable président, décachetant le message avec un noir pressentiment, parcourut les lignes, et se levant brusquement :

— Il faut que je m'en aille ! s'écrie-t-il.

— Où donc, où donc ? demandent les membres consternés.

— Chez notre amé et féal confrère, l'abbé Geoffroy, qui, m'annonçant les approches de sa mort, désire me voir une dernière fois pour me confier — notez-le bien, messieurs ! — un secret de la plus haute importance. Vous voyez bien qu'il y a péril en la demeure, fit-il, prenant son chapeau, ses gants et sa canne et courant chez son ami moribond.

Une demi-heure après, nous voyons maître Écrevisse au chevet de maître Homard.

— Je vous ai invité, dit l'abbé, pour vous prier, en votre qualité d'ami et d'avocat, de faire mon testament...

— Maître Homard veut donc vraiment nous quitter?

— Il le faut! répond le malade en promenant, comme Mahomet, avec tout le calme de son âme musulmane, un cure-dent d'argent dans les ruines de ses dents plombées.

— Heureux, mille fois heureux quiconque sait mourir aussi paisiblement que vous, très-révérend Homard!

— La mort, mon bien-aimé Écrevisse, ne m'a jamais alarmé. Mourir, c'est le sort de tous les vivants. Pourquoi s'inquiéter de la fin d'une comédie qui n'est nullement aussi larmoyante qu'on se l'imagine? Là, sur cette table, vous trouverez tout ce qu'il vous faut. Faites-moi l'amitié d'écrire ce que je vais vous dicter.

— Je suis tout oreilles, vénérable vieillard.

— Mon testament, noble ami et confrère, sera

plus court que vous ne croyez. Je sens qu'il me reste très-peu de temps à vivre. Dépêchons-nous !

— Eh bien, commençons ! dit Grimod en plongeant sa plume dans l'encrier, depuis longtemps orphelin.

— Moi, soussigné, commença l'abbé, déclare devant Dieu et l'exécuteur de mon testament que mon neveu Louis-Marie Geoffroy, actuellement à Lyon, est le seul et unique héritier... (*Le pauvre homme commençait à tousser.*)

— Héritier de quoi ? demande son ami.

— De toutes mes dettes, continue le Homard.

— Ah, ah ! c'est mélodramatiquement touchant !

— Je vous prie, cher commentateur, de bien vouloir m'entendre jusqu'au bout. Je donne et lègue ma petite bibliothèque, composée de 2,584 volumes, à ma bien-aimée amie mademoiselle Hippolyte Mars.

— C'est bien, papa, c'est très-bien.

— La collection de mes affiches de théâtre, au nombre d'environ 25,000, à mon célèbre et immortel ami M. François-Joseph Talma.

— Et après ? dit Grimod avec impatience.

— Le beau service en porcelaine de Sèvres, dernier cadeau de mon amie Hippolyte, au même susdit Talma...

— Mais c'est plus que de la libéralité, c'est de la profusion, c'est du luxe!

— Veuillez continuer! Que ce grand et incomparable artiste me pardonne quelques-unes de mes critiques, qui l'ont offensé souvent... (*Il toussait*) injustement.

— Injustement, répéta l'écho testamentaire. Mais, à propos de l'injustice, n'oubliez pas, je vous en prie, votre ami le plus fidèle, le plus dévoué, le plus désintéressé...

— Ah! c'est vous, n'est-ce pas?

— Oui, c'est moi, très-révérend père!

— Le meilleur vient à la fin. Continuez, s'il vous plaît. Le manuscrit de ma traduction des Idylles de Théocrite... Vous savez qu'elle est vraiment classique...

— Ah! pardieu! plus que classique. Dites hardiment divine.

— Eh bien, cette traduction divine des Idylles de mon ami de jeunesse Théocrite, je la donne et lègue... (*Il commença de nouveau à tousser.*)

— A qui donc? demande maître Écrevisse.

— A mon portier.

— Comment ! A votre portier?

— Oui, à mon portier Achille-Magloire-Nestor Brutus-Marat Colifichet, qui, dans ses heures de loisir, entre nuit et jour, entre chien et loup, s'occupe de sciences exactes et de belles-lettres.

— Quel vénérable gaillard ! Un beau jour il sera — posons le cas qu'il l'accepte ! — l'un des quarante !

— Veuillez ne pas m'interrompre, mauvais plaisant ! Ce cure-dent d'argent qui se promène dans ma bouche, je le donne et lègue, comme témoignage de la plus vive reconnaissance, à M. Balaine, génie protecteur du Rocher de Cancale...

— Vous pensez à tous. Mais, à propos de la reconnaissance, n'oubliez pas celui qui...

— Se nomme Grimod de la Reynière, n'est-ce pas? C'est à vous, mon sublime et magnanime ami, que je veux confier un secret, qui, plus que tout l'or du monde, vous rendra pour toujours mon obligé...

— Vous piquez diablement ma curiosité. Est-ce que par hasard vous avez découvert un trésor?

— Le trésor des trésors ! un architrésor !

— Cher papa, nommez-le, nommez-le!

— Écrivez, s'il vous plaît, mon brave! A mon ami éminemment désintéressé, à M. Alexandre-Balthazar-Laurent Grimod de la Reynière, au fameux *vieil amateur* de l'*Almanach des Gourmands*, au spirituel auteur de l'*Alambic littéraire*, au créateur de l'incomparable *Manuel des Amphitryons*, à cet homme immortel, domicilié rue des Champs-Élysées, n° 1, à Paris, à lui qui m'a donné tant d'éclatantes preuves de sa magnanime amitié...

— Ah! papa, vous me faites rougir!...

— C'est à lui que je lègue... (*Un nouvel accès de la maudite toux l'empêcha de finir la phrase.*)

— Eh bien, quoi donc? s'écrie Grimod.

— Patience, patience! reprit le feuilleton mourant. N'entendez-vous pas que cette misérable coqueluche me suffoque?

— Ah! cette vilaine furie de toux!

— C'est elle qui me tue à la fleur de mon âge!

— Eh bien, dépêchez-vous, sublime vieillard! C'est donc à moi que vous léguez...

— Le plus grand trésor que je possède...

— Mais, sapristie, quel trésor donc?

— Un papier de la plus haute importance...

— Haute importance! répéta l'ami désespéré d'impatience.

— Ah! cette toux exécrable!

— Je vous plains de tout mon cœur, dit l'hypocrite légataire.

— Elle me tue, elle me tue! Mais où en sommes-nous restés?

— A la plus haute importance...

— C'est ça. Eh bien, je donne et lègue à mon très-révérend ami M. Alexandre-Balthazar-Laurent Grimod de la Reynière une note...

— Une note??? reprit maître Écrevisse tourmenté comme saint Laurent sur le gril ardent de la curiosité. Une note... de combien?

— Une note... c'est-à-dire une recette... une recette pour faire...

— Quoi donc, vieux blagueur?

— Une grande chose de mon invention...

— Et comment s'appelle-t-elle, cette chose?

— *Pouding à la diplomate!*

— Est-ce tout? demanda l'Écrevisse désenchantée.

— Oui, mon cher! c'est tout ce qui me reste, dit le mourant, toussant de plus belle.

— Que le diable emporte vous et votre insupportable toux !

— Comme il m'aime, ce cher Grimod ! M'est-il permis maintenant de signer mon nom?

— Oui, si cela vous amuse.

L'abbé griffonna son parafe en riant.

— Ah ! que ce testament est bête ! murmura le légataire du pouding à la diplomate.

Mais l'abbé Geoffroy ne l'entendait plus, car, dans le même moment, il avait expiré, doux et calme comme s'il eût eu la conscience la plus pure du monde chrétien.

. . . .

Trois jours après, ce fut M. Grimod de la Reynière qui prononça sur la tombe de l'abbé Geoffroy le discours qui suit :

« Le monde, mes amis, est une grande cuisine. Nous, soi-disant maîtres de la création, nous sommes les viandes, et le sort c'est le stupide gargotier qui nous hache, qui nous tranche, qui nous cuit, qui nous fait bouillir au petit feu de nos grandes passions, qui nous met sur le bout d'une broche, qui nous apprête comme un rôti que ce gros glouton surnommé la mort se plaît à dévorer avec sa faim insatiable, avec son appétit digne d'envie de la part de tous ceux qui vivent.

« C'est ce misérable anthropophage qui vient d'engloutir l'ami dont nous tous pleurons et pleurerons jusqu'à la fin de nos jours la perte irréparable. Ce mort, mes amis, était en son vivant un bon vivant, la fleur de la bonne chère, un des plus zélés, un des plus éclairés missionnaires de la foi gourmande, du dogme gastrophile.

« Lorsque les femmes de Mayence, — permettez-moi de vous rappeler que cette ville se glorifie dans ses jambons, — lorsque, dis-je, les femmes de Mayence enterrèrent leur poëte favori, leur troubadour *Frauenlob*, elles arrosèrent sa tombe des vins les plus fins du Rhin. Nous, amis et confrères inconsolables, nous allons de ces mêmes vins rafraîchir nos gosiers; mais, avec nos larmes les plus chaudes, les plus amères, nous voulons tremper cette sainte terre destinée à recueillir les beaux restes de notre cher et vénérable ami l'abbé Julien-Louis Geoffroy.

« Oui, mes amis, pleurons! Pleurons-le de toute notre âme, de tout notre cœur, de toutes nos pensées; car au delà de ce monde il n'y a ni Rocher de Cancale, ni Caveau moderne, ni

Vefour, ni Véry, ni dindons aux truffes, ni pouding à la diplomate ! »

Et le cortége fondit en larmes.

. . . .

Peu de temps après la mort de son ami, notre sage gourmand alla commettre sa première bêtise. Au mois d'octobre, à la chute des feuilles, à la suite d'une légère indigestion, il résolut de se marier.

« De toutes les choses sérieuses, dit Beaumarchais, le mariage est, certes! la plus bouffonne. »

Grimod épousa une de ses vieilles connaissances, une ci-devant jeune comédienne du théâtre de Lyon, dont le nom m'échappe, et se retira avec sa capricieuse femme et sa joyeuse bibliothèque à Villers-sur-Orge, auprès de Longjumeau, dans ce château qui, sous Louis XIV, avait appartenu à la fameuse marquise de Brinvilliers.

C'est ici où—*procul a Jove, procul a fulmine!* —le huitième sage de la nouvelle Grèce vivait pour manger, digérer et... méditer!

Un de ses contemporains, le spirituel auteur du *Martyrologe littéraire*, a consacré à la mémoire de notre héros retiré les lignes suivantes :

« Dispensateur de la gloire littéraire, régulateur des gastronomes, dégustateur général de tous les mets inventés par les hommes de bouche, cet homme de lettres et de goût fut aussi l'un des premiers restaurateurs de la gaieté française. L'art de vivre pour manger lui doit une encyclopédie gourmande qui le rend immortel...

Car, comme le disait un directeur des vivres,
L'*Almanach des Gourmands* est le meilleur des livres.

II

L'auteur célèbre de la *Physiologie du goût* a inventé l'axiome :

Dis-moi ce que tu manges, et je te dirai ce que tu es.

Quant à nous, nous disons :

Dis-nous ce que tu lis, et nous te dirons ce que tu penses.

Et pour mieux connaître les pensées de notre ami Grimod, nous parlerons de sa bibliothèque ou, pour mieux dire, nous donnerons, par ordre alphabétique, un extrait du catalogue de ses livres. Toute la collection se composait tout au plus de deux cents volumes. Voici les perles de cette friande bibliothèque :

1. Abendroth (Friedrich Wilhelm). *Dissertatio de coffea*. Lips, 1825, in-4° (contenant une assez complète bibliographie des écrits publiés pour et contre le café).

2. Athénée. *Deipnosophistos ou les Sophistes à table*, en quinze livres, première édition publiée par J. Bedrotus et C. Herlinus. Bâle, 1535. Fol. Trad en français par Michel de Marolles. Par., 1680, in-4° *.

3. Anthus (Antonius)**. *Vorlesungen über die Esskunst* (Lectures sur l'art de manger). Leipzig, 1838, in-8°.

4. Behr (Georg Heinrich). *Dissertatio de aqua Selterana* (Dissertation sur l'eau de Seltz). Argent., 1740, in-4°.

5. Bergius (Bengt). *Über die Leckereien* (Traité sur les friandises), trad. du suédois par Johann

* Ouvrage tiré à petit nombre et recherché dans les ventes.

** Le véritable nom de l'auteur est Blumenroeder.

Reinhold Forster et Curt Sprengel. Halle, 1792, 2 vol. in-8°.

6. Berchoux (Joseph). *La Gastronomie ou l'Homme des champs à table*, poëme en dix chants. Par., 1801, in-12. *Ibid.*, 1805, in-12 (quatrième édition).

7. Bernard (Louis-Simon-Joseph de). *Propos de table, etc.* Paris, 1807, in-8°.

8. Brillat-Savarin (Anthelme). *Physiologie du goût ou Méditations de gastronomie transcendante.* Par., 1825, in-8°. Publiée avec une notice sur la vie de l'auteur, par Anthelme Richerand. Par., 1834, 2 vol. in-12 *.

9. Cadet de Gassicourt (Charles-Louis). *Cours gastronomique, ou les Dîners de Manantville*, ouvrage anecdotique, philosophique et littéraire, etc., Par., 1809, in-8° (deuxième édition).

10. Chamberlyn (B... G...). *Beukelingi genio.* Gandavi, 1827, in-8° **.

11. Combes (Andrew). *The Physiology of digestion.* Lond., 1837, in-8°. Trad. en alle-

* Une nouvelle édition fut publiée par Honoré de Balzac. Par., 1840, 2 vol. in-8°.

** C'est un poëme latin en l'honneur de Beukelson, l'inventeur de l'art de caquer les harengs.

mand par Friedrich Neubert. Leipz., 1837, in-8°.

11. Dodd (James Silas). *Essay towards a natural history of the herring* (Essai sur l'histoire naturelle du hareng). Lond., 1752, in-8°. Trad. en allem. par C... W... Bock. Konigsb., 1796, in-8°.

12. Fayot (Frédéric). *Notice sur Carême.* Par., 1838, in-8°. (Extrait du tome XII du *Livre des Cent-et-un.*) Ce fameux artiste culinaire, né le 8 juin 1784, est mort le 12 janvier 1833.

13. Gardeton (César). *La Gastronomie pour rire, ou anecdotes, réflexions, maximes et folies gourmandes sur la bonne chère.* Par., 1827, in-18.

14. Gatterer (C... W... F...). *Literatur des Weinbaues.* Heidelb., 1832, in-8°.

15. Gouriet (Jean-Baptiste). *L'Antigastronomie ou l'Homme de ville sortant de table,* poëme en quatre chants. Par., 1806, in-18.

16. Grenan (Bénigne). *Ode sur la prééminence du vin de Bourgogne...*

17. Lecoeur (Jean). *Essai sur l'ivrognerie.* Par., 1803, in-8°.

18. Leonardi (Giuseppe). *Apicio moderno,*

ossia l'Arte del credenziere. Rom., 1807, 8 vol. in-8°.

19. *Gioannina, ossia la Cuciniera delle Alpi.* Rom., 1817, 3 vol. in-8°.

20. Martin (Alexandre). *Bréviaire du gastronome, ou l'Art d'ordonner le dîner de chaque jour suivant les diverses saisons de l'année,* précédé d'une Histoire de la cuisine française ancienne et moderne. Par., 1827, in-18. *Ibid.*, 1828, in-18. (La première édition est anonyme.)

21. *Le Cuisinier des gourmands, ou la Cuisine moderne enseignée d'après les plus grands maîtres,* suivi de l'art de découper les viandes et de les servir à table. Par., 1829, in-18.

22. *Manuel de l'amateur du café ou l'Art de prendre toujours de bon café,* par M. H***, doyen des habitués du *Café de Foy*. Par., 1828, in-18.

23. . . . *Manuel de l'amateur de melons.* Par., 1827, in-18.

24. . . . *Manuel de l'amateur de truffes.* Par., 1828, in-18.

25. . . . *Manuel de l'amateur d'huîtres.* Par., 1828, in-18.

26. . . *Traité médico-gastronomique, suivi d'un essai sur les remèdes.* Par., 1828, in-18 *.

27. Mémin (***). *An vinum Rheinense Burgundico salubrius.* Reims, 1700, in 8°.

28. Menon (***). *Traité historique et pratique de la cuisine.* Par., 1758, 2 vol. in-12.

29. Mousin (Jean), *Discours de l'ivresse et ivrognerie,* auquel les causes, natures et effets de l'ivresse sont amplement déduits avec la guérison et préservation d'icelle, ensemble la manière de carrousser, et les combats bachiques des anciens ivrognes, s. l. (Nancy), 1612, in-12 **.

30. Obsopaeus *** (Vincentius). *De arte bibendi.* Francf., 1578, in-8°. *Ibid.*, 1582, in-8°. Lugd. Bat., 1642, in-12. Trad. en allem., s. c. t. *Die Biecher (!), von der Kunst zu trinken,* par Georg Wickgram. Friburg im Breisgau, 1573, in-4°. (Poëme très-recherché.)

31. Pardo (Hieronymo). *Tratado del vino*

* Facétie publiée comme ouvrage posthume de feu M. Dardanus, ancien apothicaire.

** Un nouvel ouvrage ayant trait à la même matière fut publié par Arthur Dinaux, sous ce titre : *Habitudes conviviales et bachiques de la Flandre.* Valenciennes, 1840, in-8°.

*** Voile pseudonyme de Vincent Koch.

aguado y agua avinada (Traité sur le vin mélangé d'eau et sur l'eau mélangée de vin). Valladol., 1661, in-4°.

32. PLATINA (Bartolommeo Sacchi). *Opusculum de obsoniis ac honesta voluptate*. Rom., 1473, fol. *. Venez., 1475, fol. Friuli, 1480, in-4°. Bologna, 1498, in-4°. Lugduni, 1514, in-4°. Trad. en français, Lyon, 1539, in-8°. *Ibid.*, 1548, in-8°. Par., 1507, in-8°. Lyon, 1591, in-16. Par., 1588, in-8°.

33. SALLENGRE (Albert-Henri). *Éloge de l'ivresse*, la Haye, 1714, in-12. Réimprimé et augmenté de notes par Miger. Par., an VI (1798), in-12.

34. SCAPPI (Bartolommeo), *Opera divisa in sei libri*. Venez., 1570, in-4°. *Ibid.*, 1578, in-4° **.

35. SCEPERUS (Johannes), *Bacchus den ouden en huydendaeghschen Droncke-man*. Gouda, 1665, in-12.

36. SCHETZE (Johann-Friedrich). *Von Nutzen*

* Le plus ancien code culinaire, extrêmement rare.

** L'auteur de cet ouvrage (*cuoco secreto di S. S. il papa Pio V*), ayant dédié son travail au saint-père, avait reçu comme témoignage d'estime la décoration de l'Éperon d'or.

und Schaden der Salate (De l'utilité et des mauvais effets de manger des salades), Leipz., 1753, in-8°.

37. SPIESS (Wilhelm). *Die Kunst zu essen und zu trinken* (l'Art de manger et de boire). Leipz., 1830, in-8°.

38. RUMOHR (Carl Friedrich v.). *Geist der Kochkunst* (Esprit de l'art culinaire), Stuttg., 1823, in-8°. *Ibid.*, 1832, in-8°.

39. THIENEMANN. *Literatur der Weinwissenschaft in alphabetischer Anordnung.* Leipz., 1838, in-8°.

40. VERDOT (Charles). *Historiographie de la table,* ou Abrégé historique, philosophique, anecdotique et littéraire des substances alimentaires et des objets qui leur sont relatifs, des principales fêtes, cérémonies, mœurs et coutumes de tous les peuples anciens et modernes. Par., 1833, in-18.

41. VIARD (Antonin). *Le Cuisinier impérial.* Par., 1808, in-8°.

42. WARNER (Richard). *Antiquitates culinariæ, or various tracts relating to the English cookery.* Lond., 1791, in-4°. (Excessivement intéressant.)

43. ZENKER (F. . G...). *Komus. Geheimnisse über Anordnung der Gastmahle.* (Comus ou mystères sur l'arrangement des festins.) Wien, 1829, in-12.

Au-dessus de la porte conduisant de la bibliothèque à la petite salle à manger, on lisait les quatre mandements du très-révérend évêque de Liége, monseigneur Van Bommel, savoir :

I. Ne point poser sur la nappe un couteau ou une cuiller malpropres.

II. Ne point essuyer son couteau ou sa fourchette à la nappe.

III. Ne point jouer de la trompette (sic!) en se mouchant à table.

IV. Ne point regarder son mouchoir, après s'en être servi. . . . .
. . . .

Mais la mort, vous le savez, n'a jamais d'égards, même pour une si belle, si vertueuse et si belle carrière. Le pauvre grand homme! Et lui aussi se sentait mourir. Huit jours avant sa fin, il daigna faire un testament digne de son nom, digne de son inaltérable gaieté. Il prit une carte à manger et griffonna sur le dos de la feuille sa dernière volonté. Il demanda à l'exécuteur du testament (le libraire Maradan) qu'on lui donnât, pour échapper à l'ennui du tombeau, quatre de ses livres les plus chéris, qu'on lui mît le *Pâtissier royal* de Carême dans sa main droite et le *Cuisinier impérial* dans sa gauche, que sa tête reposât sur la *Physiologie du goût*, et son... sur la traduction classique des Idylles de Théocrite, composée par son ami Geoffroy.

Et à la fin d'un déjeuner dînatoire, illustré par l'hilarité de quelques-uns de ses vieux amis, il vida d'un trait un verre de vin de Champagne et fredonna un des plus beaux couplets de *Désaugiers :*

Je veux que la mort me frappe
Au milieu d'un gai repas,
Qu'on m'enterre sous la nappe
Entre douze larges plats ;
Et que sur ma tombe on mette
Cette courte inscription :
Ci-gît le premier poète
Mort d'une indigestion.

Deux heures après il avait cessé de vivre, c'est-à-dire de manger.

Il mourut le 18 janvier de l'an 1838. Paix, paix éternelle aux cendres octogénaires de l'incomparable gourmand-poëte et poëte-gourmand !

III

Lors de notre dernier séjour à Paris, nous consacrâmes la dernière journée à faire un pèlerinage à la rue des Champs-Élysées.

C'est dans cette rue, c'est dans la première maison de cette rue à jamais mémorable, qu'il avait demeuré pendant douze années de sa glorieuse carrière ; c'est dans cette maison, au troisième étage, bénis pour toujours, qu'il avait créé ses Méditations gastronomiques, ses Harmonies culinaires, ses Ombres et Rayons gourmands, ses épopées immortelles !

Pleurons l'exécrable indifférence, pleurons l'inconcevable ingratitude, pleurons ce siècle égoïste et macaire qui, pour un génie de tel mérite n'a ni monument, ni statue, pas même une... inscription !

Mais malgré cela, ô grand homme ! tu n'as pas cessé de vivre dans l'âme reconnaissante de tous ceux qui se reposent sous l'ombre rafraîchissante de tes lumineuses pensées !

Semper honor nomenque tuum laudesque manebunt.

IV

Nous sommes bien fier de posséder un autographe de M. Grimod de la Reynière, impayable pièce que nous avons achetée, le 19 juillet 1855, chez M. Gabriel Charavay, 56, rue de Seine, pour la bagatelle de treize francs et quelques misérables sous.

Ce morceau, intitulé : *les Lois gourmandes des douze tables*, contient les axiomes suivants :

I. Ne pas manger pour vivre, mais vivre pour bien manger.

II. Ne pas plus manger que l'on ne peut le comporter.

III. N'inviter pas plus de neuf ou moins de trois convives, car neuf est le nombre des Muses et trois celui des Grâces.

IV. Ne lire ni lettres ni gazettes deux heures avant et trois heures après le dîner.

V. Le potage est l'ouverture du dîner. Dîner sans potage, livre sans frontispice.

VI. Le bouilli est la base du repas. Repas sans bouilli, tonneau sans fond.

VII. Le dessert est [illegible] du festin. Festin sans dessert, chanson sans refrain, épigramme sans pointe, fleur sans parfum.

VIII. La base du dessert est le fromage. Un dessert sans fromage, dit Brillat-Savarin, est une belle à qui il manque un œil.

IX. Ne prendre de café qu'une heure après le dessert.

X. Rien de plus révoltant que du café froid !

XI. Se méfier du café qui n'est pas chaud comme l'enfer, noir comme le diable et doux comme l'amour.

XII. Point de véritable bonheur sans... digestion !

Digestion ! voilà justement ce que je souhaite à tous ceux qui liront cet essai !

FIN.

www.ingramcontent.com/pod-product-compliance
Ingram Content Group UK Ltd.
Pitfield, Milton Keynes, MK11 3LW, UK
UKHW022138190726
13855UKWH00003B/1208